CIENCIA GRÁFICA

UN VIAJE POR LA ADAPTACIÓN CON MAX AXIOM SUPERCIENTÍFICO

Edición revisada

por Agnieszka Biskup
ilustrado por Cynthia Martin
y Barbara Schulz

Consultor:
Ron Browne, PhD
Profesor Adjunto de Educación Primaria
Minnesota State University, Mankato

CAPSTONE PRESS
a capstone imprint

Graphic Library is published by Capstone Press,
1710 Roe Crest Drive, North Mankato, Minnesota 56003
www.mycapstone.com

Copyright © 2013, 2016 by Capstone Press, a Capstone imprint. All rights reserved. No part of this publication may be reproduced in whole or in part, or stored in a retrieval system, or transmitted in any form or by any means, electronic, mechanical, photocopying, recording, or otherwise, without written permission of the publisher.

Library of Congress Cataloging-in-Publication Data is available on the Library of Congress website.

ISBN: 978-1-5157-4647-8 (library binding)
ISBN: 978-1-5157-4641-6 (pbk.)

Art Director and Designer
Bob Lentz and Thomas Emery

Cover Artist
Tod Smith

Colorist
Michael Kelleher

Spanish Book Designer
Eric Manske

Editor
Christopher L. Harbo

Translation Services
Strictly Spanish

Production Specialist
Laura Manthe

Photo illustration credits: Charles Darwin Research Station, 8; Library of Congress, 7

Printed in the United States 5657

TABLA DE CONTENIDOS

SE ADAPTAN PARA SOBREVIVIR ---------- 4

ADAPTACIÓN A TRAVÉS DEL TIEMPO --- 8

ADAPTACIONES FÍSICAS ---------- 14

ADAPTACIONES DE CONDUCTA --------- 22

Más sobre Adaptaciones y Max Axiom 28–29
Glosario 30
Sitios de Internet 31
Índice 32

SECCIÓN 1
SE ADAPTAN PARA SOBREVIVIR
Escondido detrás de arbustos, el supercientífico Max Axiom empieza sus aventuras desde su propio jardín.
Siempre me sorprenden las maravillas de la naturaleza.
Para los animales que viven aquí, mi jardín sirve como su hábitat.
Provee el alimento, agua y refugio que ellos necesitan para sobrevivir.

Pero solo estar donde hay alimentos y agua no es suficiente.
La sobrevivencia es un trabajo de tiempo completo.
De hecho, las plantas y animales dependen de muchas características particulares para sobrevivir y reproducirse.
Estas características se conocen como adaptaciones.

Un halcón tiene muchas adaptaciones que lo ayudan a sobrevivir.
KREEEEEAR!
Como la mayoría de las aves, puede volar.
Sus alas son una adaptación para volar.

Pero las alas no son la única adaptación del halcón. Sus plumas también lo ayudan a volar y permanecer abrigado.
Su vista excelente, sus garras filosas y su pico curvado ayudan al halcón a atrapar y matar los pequeños animales que come.
Juntas, todas estas adaptaciones ayudan al halcón a sobrevivir en su hábitat.
ARDILLA VOLADORA
ACCESO AUTORIZADO: MAX AXIOM
¡Es un pájaro! ¡Es un avión! ¿Es una ardilla?
La ardilla voladora tiene un pliegue de piel que conecta las muñecas de las patas delanteras a los tobillos de las patas traseras. Este pliegue de piel ayuda a la ardilla a planear de rama a rama de árbol. Con un buen salto, las ardillas voladoras pueden planear de 20 a 30 pies por el aire.

Por supuesto, el estudio de la adaptación no es nada nuevo.
HMS BEAGLE
Hola, Sr. Darwin. ¿Va a explorar esa isla?
Visitemos a Charles Darwin. Algunas ideas importantes sobre la adaptación nacieron a partir de un viaje famoso marítimo que hizo en los 1830.
Sí. Es una de las Islas Galápagos. Estoy recolectando muchos especímenes, incluyendo aves, para llevar a Inglaterra.
GEOGRAFÍA
PACIFIC OCEAN
Las Islas Galápagos están a 600 millas al oeste de Ecuador, un país en Sudamérica.
Más adelante, Darwin se dio cuenta que los pinzones de las Galápagos tenían picos que se fueron adaptados a los alimentos de la isla que comían.
Darwin creía que los tipos especiales de picos se desarrollaron sobre el curso de muchos, muchos años.

El pinzón grande de suelo, por ejemplo, tiene un pico fuerte que funciona como un cascanueces. Está adaptado para romper semillas duras y grandes.
PINZÓN DE SUELO
El pinzón de cactus tiene un pico que funciona como un par de alicates con punta fina. Es de la forma adecuada para cavar dentro de las plantas de cactus.
PINZÓN DE CACTUS
PINZÓN CANTOR
El pinzón cantor tiene el pico parecido a un par de pinzas. Su pico se adaptó para poder atrapar insectos en pequeñas grietas.
En todos los casos, los pinzones tienen picos que los ayudan a sobrevivir en la isla donde viven.
¿Pero qué pasa si un pinzón con un pico que rompe semillas queda atrapado en una isla sin semillas?
¿Sobreviviría?

En realidad, la mayoría de los animales necesitan varias generaciones para adaptarse a sus ambientes. Cambios rápidos en un ambiente dificultan enormemente la sobrevivencia.
Los dinosaurios lo descubrieron por las malas hace 65 millones de años.
¿Por qué se extinguieron los dinosaurios? Nadie sabe con certeza. Pero algunos científicos creen que el clima cambió rápidamente después que un meteorito del tamaño de una montaña cayó a la Tierra.
El impacto del meteorito lanzó cantidades enormes de polvo y ceniza al aire. Esto bloqueó la luz del sol y las temperaturas bajaron.
KA-BOOM!

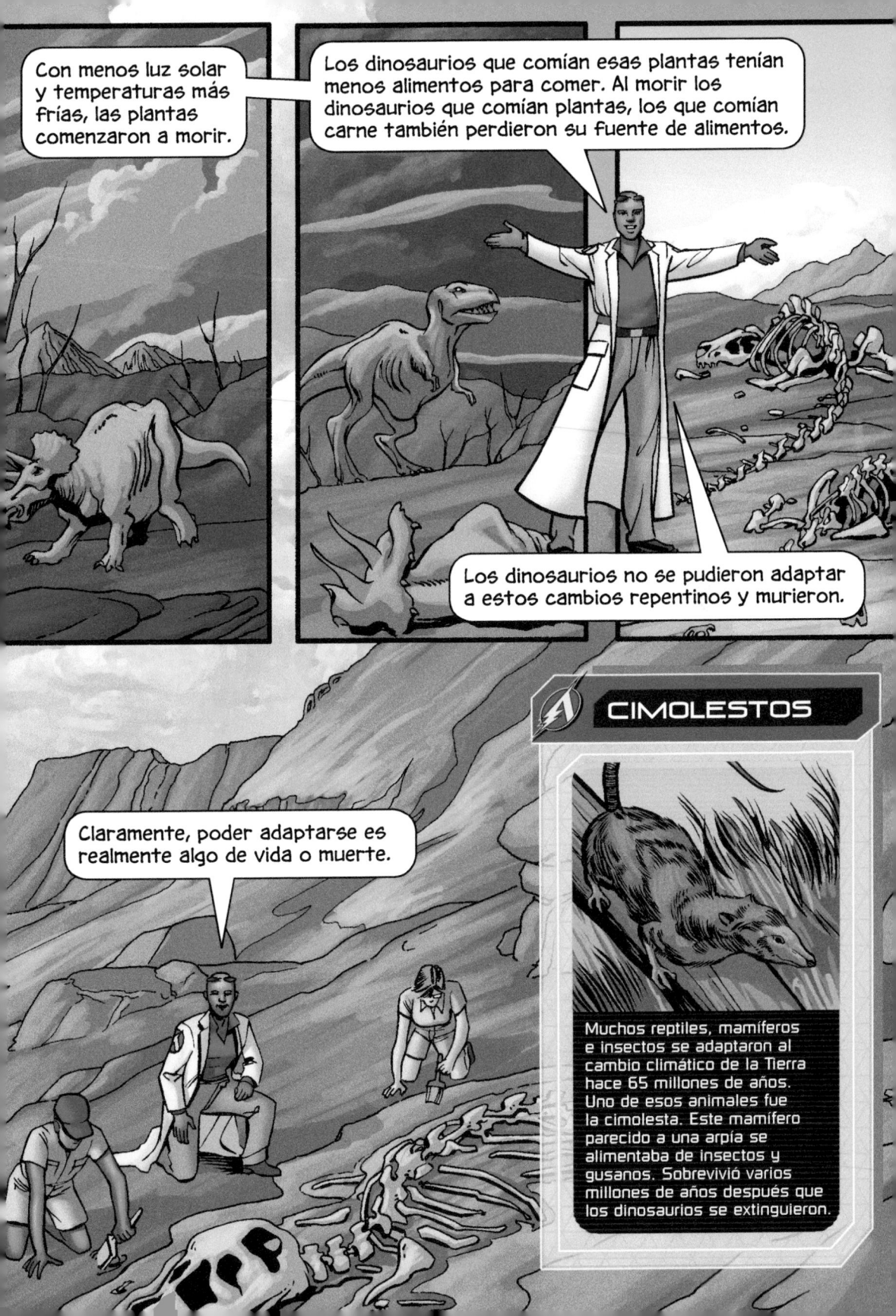
Con menos luz solar y temperaturas más frías, las plantas comenzaron a morir.
Los dinosaurios que comían esas plantas tenían menos alimentos para comer. Al morir los dinosaurios que comían plantas, los que comían carne también perdieron su fuente de alimentos.
Los dinosaurios no se pudieron adaptar a estos cambios repentinos y murieron.
Claramente, poder adaptarse es realmente algo de vida o muerte.
CIMOLESTOS
Muchos reptiles, mamíferos e insectos se adaptaron al cambio climático de la Tierra hace 65 millones de años. Uno de esos animales fue la cimolesta. Este mamífero parecido a una arpía se alimentaba de insectos y gusanos. Sobrevivió varios millones de años después que los dinosaurios se extinguieron.

A pesar que muchos animales murieron porque no pudieron adaptarse, algunos se adaptan y sobreviven. Mira las mariposas del abedul de Inglaterra.
A comienzos de 1800, las mariposas del abedul europeas venían en dos variedades, claras y oscuras.
Antes de 1850, las mariposas del abedul oscuras eran raras.
Sus cuerpos oscuros en ramas de árboles pálidas las hacían blancos fáciles para aves y otros predadores.

Para fines de 1800, Inglaterra tuvo un gran aumento de fábricas. Estas fábricas lanzaban hollín y humo al aire. En breve, la corteza de los árboles se ensució y oscureció.
Ahora las mariposas del abedul claras eran fáciles de ver.
Ellas fueron las que los predadores hallaban y comían.
Eventualmente, más mariposas del abedul oscuras sobrevivieron para producir crías de color oscuro. La población de mariposas era mayormente de color oscuro.
La mariposa del abedul se adaptó a su medio ambiente cambiante.

ZORRO FÉNEC

ACCESS GRANTED: MAX AXIOM

¿Es el pelaje una buena adaptación para el desierto? Para el zorro fénec lo es. El pelaje de este zorro lo mantiene abrigado a la noche cuando el desierto es frío. Durante el día, el pelaje de color claro refleja la luz del sol para mantener fresco al zorro.

¿Pero qué pasa en lugares como los bosques tropicales que son calurosos y muy húmedos? ¿Cómo se adaptan los seres vivos a estas condiciones?
Conozco a un biólogo cerca de aquí que estudia las plantas de los bosques tropicales. Apuesto que ve adaptaciones todos los días.
Hola, Dr. Díaz. ¿Qué estás estudiando hoy?
Hola, Max. Me alegro que me hayas encontrado. Estoy tomando muestras de esta planta filodendro.
¡Vaya! Esta hoja se siente cerosa. En el desierto, algunas plantas tienen hojas cerosas para retener agua.
Es verdad, pero el revestimiento ceroso tiene un propósito diferente en el bosque tropical. Ayuda a las plantas a repeler agua como un impermeable.
En realidad, muchas de las plantas de los bosques tropicales también tienen puntas de goteo para ayudarlas a despojarse de agua. Estas características previenen el crecimiento de bacteria y hongos en las plantas.
PUNTA DE GOTEO

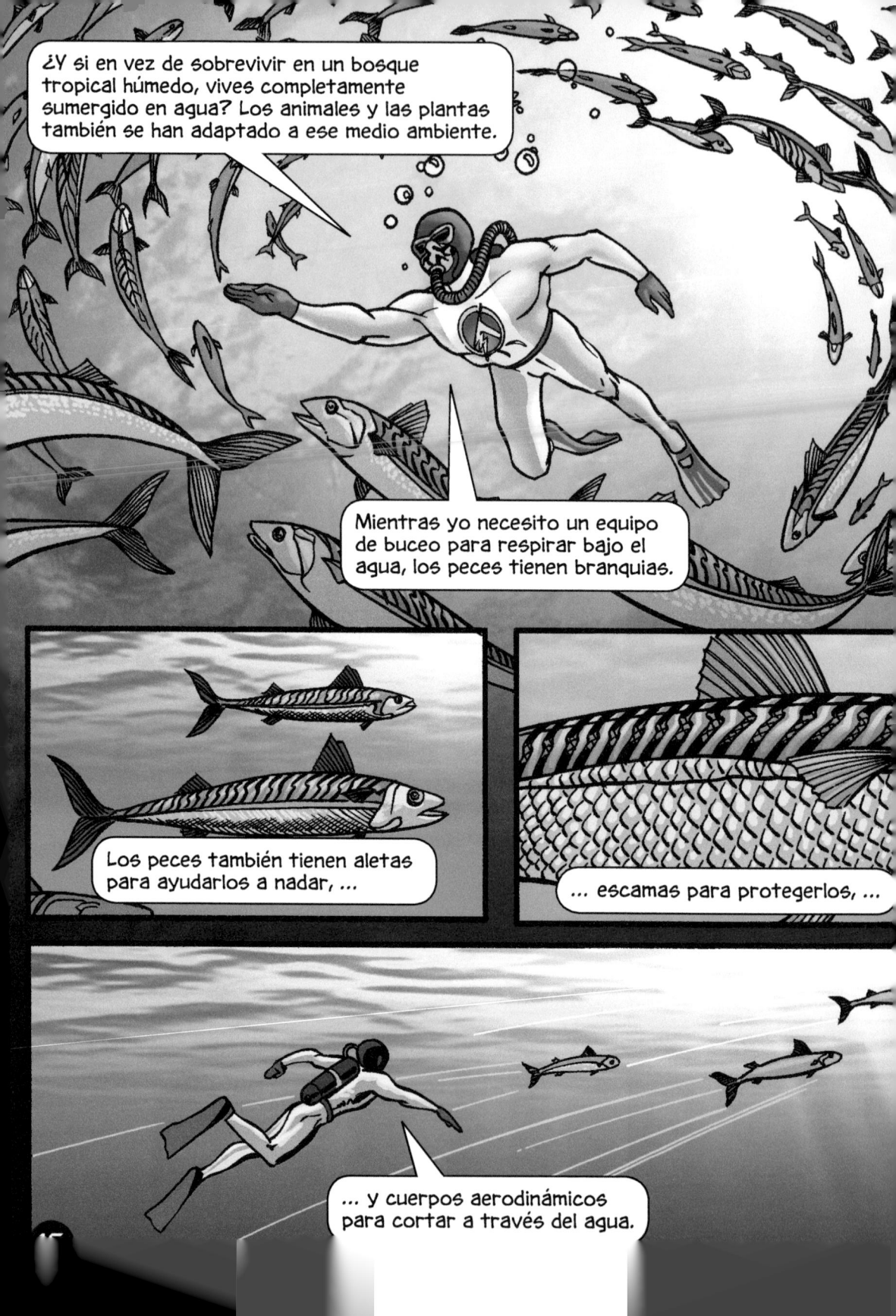
¿Y si en vez de sobrevivir en un bosque tropical húmedo, vives completamente sumergido en agua? Los animales y las plantas también se han adaptado a ese medio ambiente.
Mientras yo necesito un equipo de buceo para respirar bajo el agua, los peces tienen branquias.
Los peces también tienen aletas para ayudarlos a nadar, ...
... escamas para protegerlos, ...
... y cuerpos aerodinámicos para cortar a través del agua.

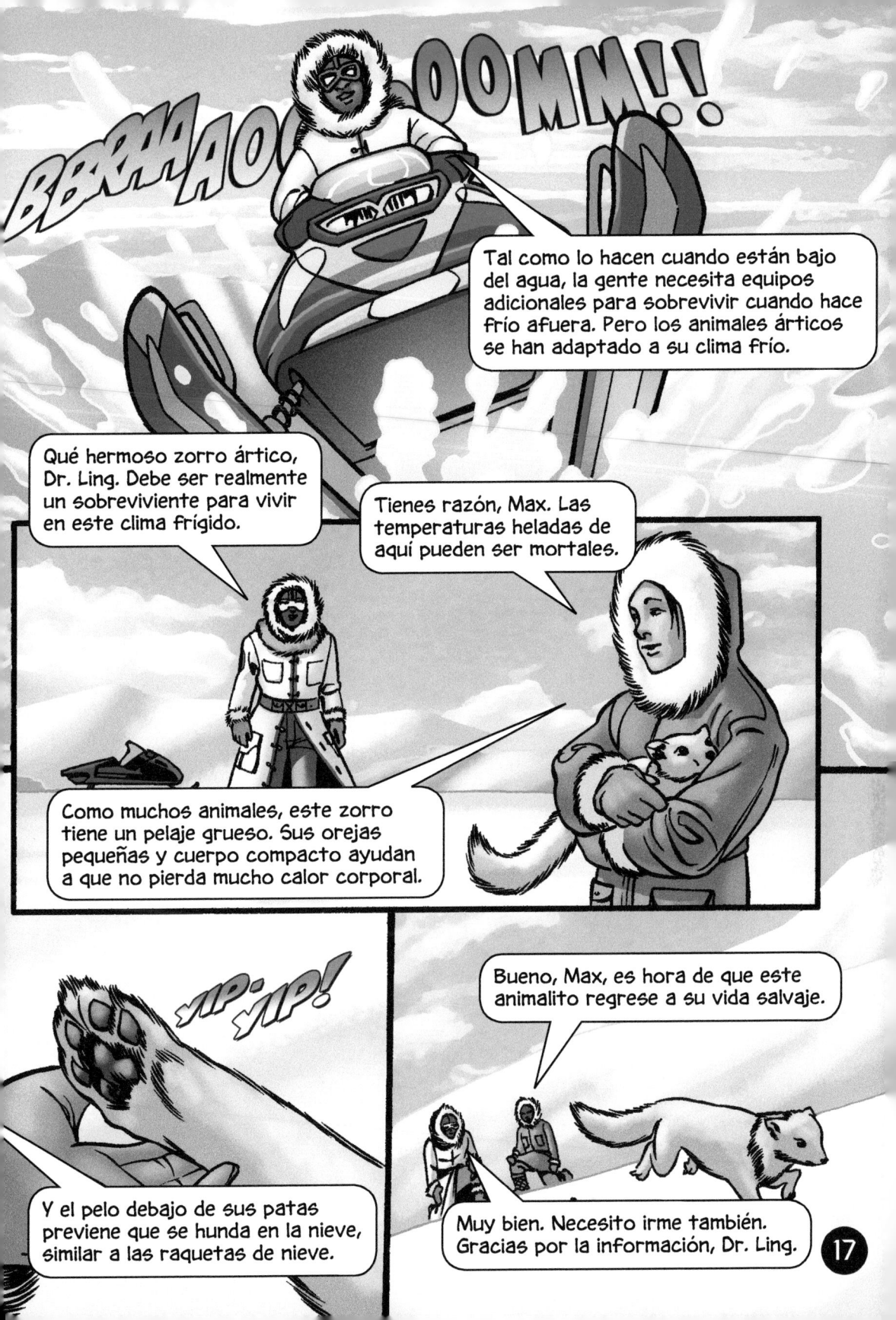
BBRRRAAOOOOMM!!!
Tal como lo hacen cuando están bajo del agua, la gente necesita equipos adicionales para sobrevivir cuando hace frío afuera. Pero los animales árticos se han adaptado a su clima frío.
Qué hermoso zorro ártico, Dr. Ling. Debe ser realmente un sobreviviente para vivir en este clima frígido.
Tienes razón, Max. Las temperaturas heladas de aquí pueden ser mortales.
Como muchos animales, este zorro tiene un pelaje grueso. Sus orejas pequeñas y cuerpo compacto ayudan a que no pierda mucho calor corporal.
YIP-YIP!
Y el pelo debajo de sus patas previene que se hunda en la nieve, similar a las raquetas de nieve.
Bueno, Max, es hora de que este animalito regrese a su vida salvaje.
Muy bien. Necesito irme también. Gracias por la información, Dr. Ling.

A veces, la mejor manera de sobrevivir es mantenerse fuera de la vista.
El camuflaje es una adaptación de algunos animales para evitar ser comidos por predadores.
La liebre ártica, por ejemplo, tiene un pelaje blanco que se asemeja a la nieve.
Pero cuando llega la primavera, su pelaje se vuelve marrón para asemejarse a la tierra emergente.
El camuflaje hasta ayuda a los venados jóvenes. Su pelaje con manchas blancas los esconde en sombras claras y oscuras del bosque.

Mientras que pasar desapercibido ayuda a muchos animales a evitar predadores, algunos predadores usan también camuflaje.
A un predador que no puede ser visto se le podría facilitar atrapar a su presa.
Los leones cazan en grupos, a menudo atacando a su presa desde varias direcciones. Su pelaje dorado los esconde perfectamente en el pasto de la sabana africana.

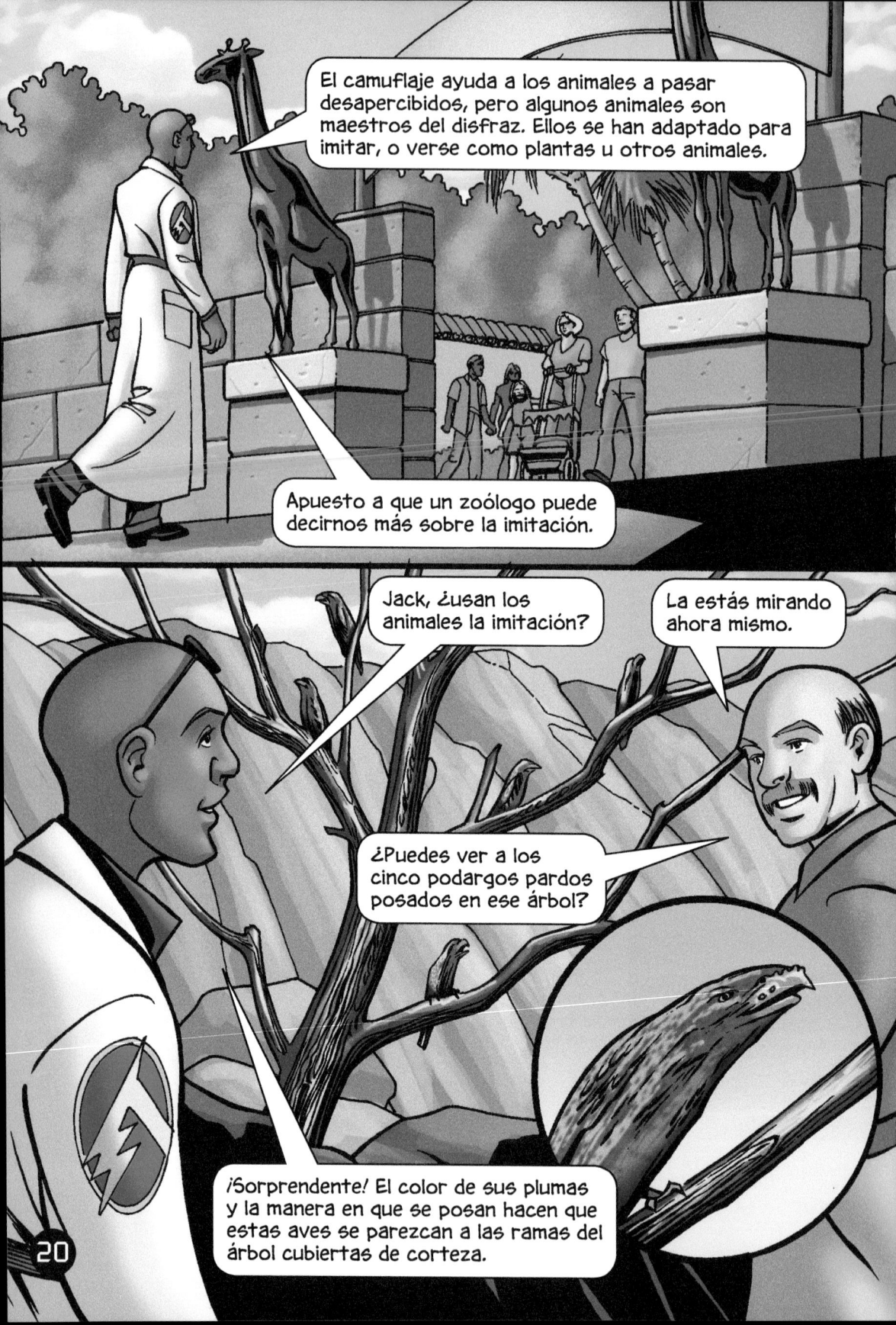
El camuflaje ayuda a los animales a pasar desapercibidos, pero algunos animales son maestros del disfraz. Ellos se han adaptado para imitar, o verse como plantas u otros animales.
Apuesto a que un zoólogo puede decirnos más sobre la imitación.
Jack, ¿usan los animales la imitación?
La estás mirando ahora mismo.
¿Puedes ver a los cinco podargos pardos posados en ese árbol?
¡Sorprendente! El color de sus plumas y la manera en que se posan hacen que estas aves se parezcan a las ramas del árbol cubiertas de corteza.

Y por aquí los saltamontes longicornios, los insectos palo y los insectos espina imitan a hojas, ramitas y espinas.
Imitar plantas es una buena manera para los animales de esconderse de predadores.
SALTAMONTES
INSECTO PALO
INSECTO ESPINA
Es verdad, pero no es el único tipo de imitación. Sígueme a la casa de los reptiles.
Esta serpiente ratonera es inofensiva. Pero tiene el mismo color que la serpiente de coral.
La serpiente ratonera es un ejemplo de cómo algunos animales inofensivos imitan animales peligrosos para mantener alejados a los predadores.
SERPIENTE DE CORAL
ORQUÍDEA MARTILLO
ACCESO AUTORIZADO: MAX AXIOM
Para una avispa thynnid macho, la flor de la orquídea martillo australiana huele como una avispa hembra. La flor engaña a la avispa para que repose en ella y disperse su polen.

Las adaptaciones no solo son sobre características físicas. La manera en que se comportan los animales también los ayuda a sobrevivir.
Por ejemplo, un puercoespín saca sus espinas cuando se siente amenazado.
YELP!
La serpiente nariz de cerdo se convierte en una gran actriz cuando es amenazada. Primero pretende doblarse por el dolor. Luego se da vuelta, tira hacia atrás su cabeza, abre su boca y saca su lengua.
¿Por qué se comporta así? Se hace la muerta porque los predadores prefieren atrapar a su presa con vida.

Todos los animales confían en conductas individuales para permanecer vivos.
Pero las conductas sociales también pueden ayudar a los animales a sobrevivir.
El caribú vive y se mueve en grandes grupos. Estos grupos ayudan a protegerlos de predadores.
Después de todo, estar en una multitud dificulta que el predador te elija a ti.

Junto con los predadores, los animales también enfrentan condiciones difíciles en sus hábitats.
Los ratones, ardillas, mofetas y osos viven en áreas donde los alimentos son escasos durante inviernos largos. Para sobrevivir ellos hibernan.
Durante la hibernación, los animales entran en lo que aparenta ser un sueño profundo.
SUBJECT: HIBERNATION
Los animales que hibernan reducen sus funciones corporales. Las frecuencias cardíaca y respiratoria disminuyen. No comen por semanas o meses. Viven de la grasa almacenada en sus cuerpos.

Por supuesto, la hibernación no es para todos.
Cuando los alimentos escasean en invierno, algunos animales viajan de un lugar a otro para sobrevivir.
HONK
HONK
HONK
HONK
HONK
HONK
HONK
HONK
Esta adaptación de conducta se llama migración. Los animales migran para encontrar agua, alimentos o lugares seguros para anidar.
HONK
HONK
HONK
Cada otoño, los gansos vuelan miles de millas al sur para escapar el frío del invierno.
Vuelven al norte para anidar en la primavera.
MIGRACIÓN DE LA MONARCA
Cada otoño, más de 100 millones de mariposas monarca dejan Norteamérica. Se reúnen en el cálido centro de México para esperar la primavera.

¡Por fin en casa!
Nuestras aventuras nos llevaron alrededor de todo el mundo.
Pero los ejemplos sorprendentes de adaptaciones de plantas y animales están tan cerca como tu jardín.

Las espinas de un rosal protegen sus tallos para que nadie se los coma.
El pico de un pájaro carpintero lo ayuda a hacer agujeros en los árboles para hallar insectos.
Un conejo se queda quieto en su lugar cuando se siente amenazado, lo que ayuda a mezclarse con su ambiente.
Dondequiera que mires, encontrarás maneras en que las plantas y animales se han adaptado para sobrevivir en sus hábitats.
Mira a tu alrededor.
Te sorprenderás de lo que descubres.

MÁS SOBRE ADAPTACIÓN

No todas las flores tienen un aroma dulce. De hecho, las flores de la planta rafflesia se han adaptado a tener un olor justo como carne podrida. Ellas dan este horrendo olor para atraer a las moscas. Luego las moscas llevan el polen de la rafflesia a otras flores.

El pulpo imitador es un maestro de la imitación. Al cambiar su forma y color, puede parecerse a un pez plano, serpientes marinas o pez león. Los científicos creen que el pulpo desarrolló sus destrezas imitadoras porque su hábitat normal no permite muchos lugares para esconderse de predadores.

Algunos gusanos tubulares, cangrejos y almejas viven en el fondo del océano sin luz del sol o vida vegetal. Estos animales se han adaptado para alimentarse con bacterias que crecen en los químicos ricos en sulfuro expulsados por los volcanes submarinos activos.

Mantenerse limpios es una adaptación de la conducta importante. Muchos animales aumentan sus oportunidades de sobrevivir al acicalarse a sí mismos y a otros. Los monos peinan su pelaje entre ellos, retirando tierra e insectos que podrían propagar enfermedades. Las aves se arreglan sus plumas para retirar insectos y para mantener sus plumas en excelente estado para volar.

La Venus atrapamoscas es famosa por su habilidad para atrapar y digerir insectos que aterrizan en sus hojas. Esta planta carnívora se adaptó a comer insectos porque la tierra pobre en la que vive no provee nutrientes suficientes.

El bacalao antártico se adaptó a temperaturas muy frías en el Océano Antártico. Estos peces tienen químicos en sus cuerpos que funcionan de la misma manera que el anticongelante lo hace en un automóvil. Los químicos evitan que el pez se congele en el agua glacial debajo de las capas del hielo antártico.

La rana de bosque de Norteamérica se adaptó a inviernos árticos usando una forma extrema de hibernación. En invierno, la rana entra en un sueño profundo. Los latidos del corazón y la respiración se reducen hasta detenerse. Sorprendentemente, la mayor parte de su cuerpo se congela. En primavera, el cuerpo de la rana se descongela y su corazón recomienza a latir al mismo tiempo que la rana recomienza a respirar.

MÁS SOBRE

MAX AXIOM

SUPERCIENTÍFICO

Nombre real: Maxwell J. Axiom
Ciudad natal: Seattle, Washington
Estatura: 6' 1" Peso: 192 lbs
Ojos: Marrón Cabello: No tiene

Supercapacidades: Superinteligencia; capaz de encogerse al tamaño de un átomo; los anteojos le dan visión de rayos X; la bata de laboratorio le permite viajar a través del tiempo y el espacio.

Origen: Desde su nacimiento, Max Axiom parecía destinado a la grandeza. Su madre, una bióloga marina, le enseñó a su hijo sobre los misterios del mar. Su padre, un físico nuclear y guardabosques voluntario, le enseñó a Max sobre las maravillas de la Tierra y el cielo.

Un día durante una caminata en áreas silvestres, un rayo mega-cargado golpeó a Max con furia cegadora. Cuando se despertó, Max descubrió una nueva energía y se dispuso a aprender todo lo posible sobre la ciencia. Viajó por el planeta y obtuvo grados universitarios en cada aspecto del campo científico. Al volver, estaba listo para compartir su conocimiento y nueva identidad con el mundo. Se había transformado en Max Axiom, supercientífico.

GLOSARIO

las bacterias—seres vivos muy pequeños; algunas bacterias causan enfermedades

el camuflaje—color o cobertura que hace que los animales, personas y objetos se parezcan a su entorno

el carnívoro—que come carne; la Venus atrapamoscas es un tipo de planta carnívora

el clima—el tiempo usual en un lugar

el espécimen—una muestra que un científico estudia detalladamente

extinto—que ya no vive en ninguna parte del mundo

la generación—la cantidad promedio de tiempo entre el nacimiento de padres y el nacimiento de sus hijos

el hábitat—el lugar y las condiciones naturales donde vive un animal

hibernar—pasar el invierno en un sueño profundo

imitar—copiar la apariencia, acciones o comportamiento de otra planta o animal

la migración—el movimiento regular de animales mientras buscan alimentos en lugares diferentes

el predador—un animal que caza y come otros animales

la presa—un animal cazado por otros para alimento

reproducir—procrear o tener crías

SITIOS DE INTERNET

FactHound brinda una forma segura y divertida de encontrar sitios de Internet relacionados con este libro. Todos los sitios en FactHound han sido investigados por nuestro personal.

Esto es todo lo que tienes que hacer:

Visita *www.facthound.com*

Ingresa este código: 9781620651841

ÍNDICE

adaptaciones de conducta, 22–25, 27, 28, 29
adaptaciones físicas, 6–7, 9, 13, 14–21, 27, 28, 29
arbustos de la creosota, 14
ardillas voladoras, 7
aves, 6–7, 8–9, 20, 25, 27, 28
  pinzones, 8–9

cactus barril, 14
cambios medioambientales, 10–11, 13
camellos, 14
camuflaje, 18–19, 20
caribú, 23

Darwin, Charles, 8
dinosaurios, 10–11

filodendron, 15

hábitats, 4, 7, 24, 27, 28
hibernación, 24, 25, 29

imitación, 20–21, 28
insectos, 9, 11, 12–13, 21, 25, 27, 28
  mariposas del abedul europeas, 12–13
Islas Galápagos, 8–9

leones, 19
liebres árticas, 18

migración, 25
monos, 28

orquídeas martillo australianas, 21

peces, 16, 28, 29
planta rafflesia, 28
predadores, 12, 13, 18, 19, 21, 22, 23, 24, 28
presa, 19, 22
puercoespines, 22
pulpo imitador, 28

ranas, 29
reproducción, 5

serpientes, 21, 22

Venus atrapamoscas, 28

zorros, 14, 17